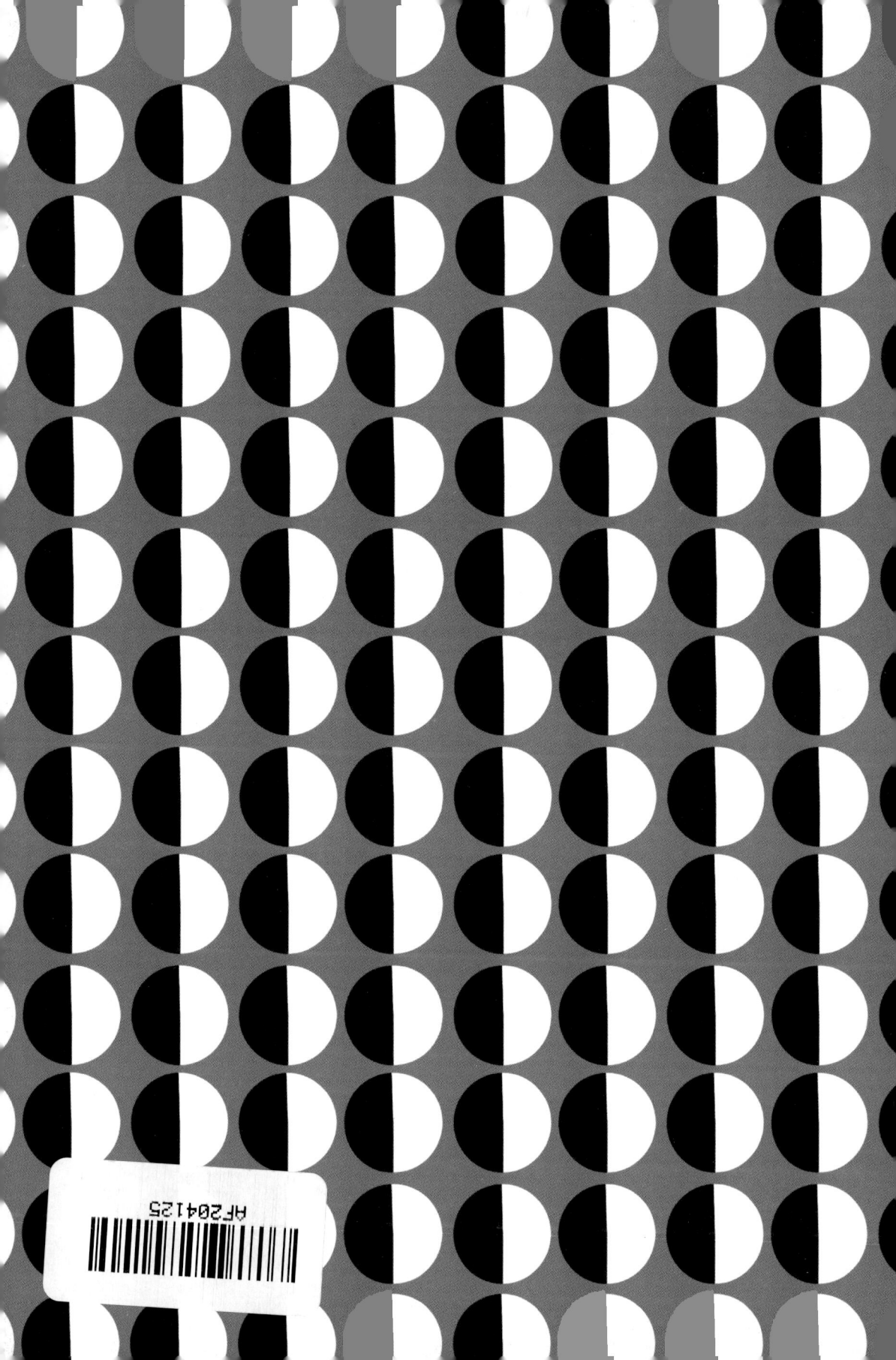

chimamanda Ngozi
Adichie

WARUM ICH FEMINISTIN BIN

Aus dem Englischen von
Alexandra Ernst

Mit Illustrationen von
Nursima Nas

✠ | SAUERLÄNDER

Okoloma
war mein bester Freund.

Er war witzig und klug und er trug spitze Cowboystiefel. Er wohnte in meiner Straße und kümmerte sich wie ein großer Bruder um mich. Wir konnten über alles und jeden reden, und wir haben viel gelacht. Okoloma war der Erste, der mich eine Feministin nannte.

Eines Tages, als ich gerade einmal vierzehn war, saßen wir bei ihm zu Hause und diskutierten über Bücher, die wir kürzlich gelesen hatten. Da schaute er mir geradewegs in die Augen und sagte:

»Weißt du, du bist eine FEMINISTIN.«

Ich war mir nicht sicher, was das Wort bedeutet, aber ich wollte mir nicht anmerken lassen, dass ich es nicht wusste. Also wischte ich Okolomas Bemerkung beiseite, und wir redeten einfach weiter über Bücher.

Gleich als ich nach Hause kam, schlug ich das Wort in einem Lexikon nach.

Spulen wir ein paar Jahre vor.

2003

2003 flog ich nach Nigeria, um »Blauer Hibiskus« vorzustellen, ein Buch, das ich geschrieben hatte.

Ein freundlicher Journalist schüttelte bekümmert den Kopf und erklärte mir, mein Roman sei feministisch. Er riet mir, niemals von mir zu behaupten, ich sei Feministin, denn Feministinnen seien unglückliche Frauen, die nie einen Ehemann finden.

Seitdem sage ich, dass ich eine »glückliche Feministin« bin.

Etwa um dieselbe Zeit erzählte mir eine hochgebildete Nigerianerin, dass Feminismus unafrikanisch sei und ich mich nur deshalb für eine Feministin halten würde, weil ich westliche Bücher lese.

Seitdem sage ich, dass ich eine »glückliche afrikanische Feministin« bin.

Dann meinte ein sehr guter
Freund von mir, dass alle Feministinnen
Männer hassen.

Und seitdem bin ich eine »glückliche
afrikanische Feministin, die keine
Männer hasst«.

Ich könnte sogar sagen,
ich bin eine »glückliche afrikanische
Feministin, die keine Männer hasst
und die gerne Lipgloss und hohe
Absätze trägt, aber nicht,
weil Männer das mögen, sondern
allein für mich selbst«.

Der letzte Satz ist natürlich scherzhaft gemeint, aber tatsächlich denken viele bei dem Wort »Feminismus« zuerst an wenig schmeichelhafte Dinge: Eine Feministin hasst Männer, BHs und die afrikanische Kultur. Eine Feministin ist der Meinung, dass Frauen überall das Sagen haben sollen. Sie schminkt sich nicht, sie rasiert sich nicht die Achselhöhlen, sie ist immer zornig, hat keinen Sinn für Humor und benutzt kein Deo.

FEMI

Ich möchte euch eine Geschichte aus meiner Kindheit erzählen.

In der Grundschule ließ uns die Lehrerin zu Beginn
des Schuljahres eine Prüfung ablegen. Sie sagte, dass
das Kind mit den meisten Punkten zum »Klassenaufpasser« ernannt werden würde.

Klassenaufpasser zu sein, war eine wichtige Aufgabe.
Das ausgewählte Kind schrieb die Namen der Stören-
friede auf, und es marschierte mit einem Stock in
der Hand durch das Klassenzimmer. Natürlich durfte
es den Stock nicht benutzen.

Für ein neunjähriges Mädchen wie mich war das eine aufregende
Vorstellung. Ich wollte unbedingt Klassenaufpasserin werden.
Und ich bekam die meisten Punkte in der Prüfung.

Doch dann sagte meine Lehrerin zu meiner Überraschung, dass nur
ein Junge Klassenaufpasser werden könnte. Sie hatte das am Anfang
nicht erwähnt, weil sie dachte, das sei offensichtlich. Ein Junge hatte
die zweithöchste Punktzahl. Und er bekam den Job.

Das Interessante daran war, dass dieser Junge ein lieber, freundlicher Kerl war, der gar keine Lust darauf hatte, mit einem Stock in der Hand durch das Klassenzimmer zu laufen. Während ich es nur zu gern getan hätte.

Aber ich war ein Mädchen, und er war ein Junge, also wurde er Klassenaufpasser.

Diesen Vorfall habe ich nie vergessen.

Wenn wir etwas wieder und wieder sehen, dann wird es irgendwann NORMAL.

Wenn nur Jungen zum Klassenaufpasser ernannt werden, sind wir irgendwann der Meinung – wenn auch vielleicht unbewusst –, dass der Klassenaufpasser unbedingt ein Junge sein muss.

Wenn wir nur Männer an der Spitze von Unternehmen sehen, kommt es uns ganz normal vor, dass nur Männer Unternehmen leiten.

Ich mache oft den Fehler und denke, nur weil etwas für mich offensichtlich ist, muss es auch für alle anderen offensichtlich sein.

Zum Beispiel sagte mein lieber Freund Louis, ein sehr kluger, fortschrittlich denkender Mann, einmal zu mir:

»Ich verstehe nicht, was du damit meinst, wenn du behauptest, für Frauen wäre alles anders und schwieriger. Das war vielleicht in der Vergangenheit so, aber heute nicht mehr. Heute ist für Frauen alles gut.«

Ich konnte nicht begreifen, warum Louis das, was doch so klar und deutlich zu sehen war, nicht erkannte.

Ich besuche gerne meine Heimat Nigeria und fahre dann nach Lagos, der größten Stadt im Land. Abends, wenn die Hitze des Tages nachlässt, gehe ich dort mit Freundinnen und Freunden oder mit meiner Familie essen.

Wie in den meisten Großstädten ist es auch in Lagos nicht einfach, einen Parkplatz zu finden. Und aus diesem Grund verdienen sich in Lagos junge Männer ihren Lebensunterhalt damit, Autos zu parken und auf die Wagen aufzupassen, bis die Eigentümer zurückkommen. Eines Abends beschloss ich, dem Mann, der uns einen Parkplatz besorgt hatte, ein Trinkgeld zu geben. Der Mann nahm glücklich und dankbar das Geld aus meiner Hand, schaute dann Louis an und sagte: »Vielen Dank, Sir!«

Louis warf mir einen überraschten Blick zu und fragte: »Warum bedankt er sich bei mir? Ich habe ihm das Geld doch nicht gegeben.« Und dann erkannte ich an seinem Gesichtsausdruck, dass Louis verstanden hatte. Der Mann dachte, dass das Geld von Louis kam. Denn Louis ist ein Mann.

Männer und Frauen sind verschieden.
Wir haben unterschiedliche Hormone,
unterschiedliche Geschlechtsorgane
und unterschiedliche biologische Fähigkeiten:
Frauen können Kinder kriegen, Männer nicht.
Männer haben mehr Testosteron und sind in der Regel
körperlich stärker. (Mit einigen Ausnahmen!)

Es gibt etwas mehr Frauen auf der Welt als Männer,
aber die meisten Posten mit Macht und Ansehen
sind von Männern besetzt.
Die kenianische Friedensnobelpreisträgerin Wangari Maathai
hat diese Tatsache einmal in ganz einfache Worte gefasst:

»Je höher du kommst,
desto weniger Frauen
triffst du.«

Eine Welt, in der die meisten Anführer Männer sind,
war vielleicht vor tausend Jahren sinnvoll,
als wir nur durch Stärke überleben konnten.
Aber heutzutage leben wir in einer ganz anderen Welt.
Die Person, die sich am besten als Anführer*in eignet,
ist nicht mehr diejenige mit der größten körperlichen Kraft.
Es ist die Person mit dem klügsten Kopf, mit dem meisten
Wissen, mit der größten Kreativität und Originalität.
Und bei diesen Eigenschaften spielen Hormone keine Rolle.
Eine Frau kann genauso klug, originell
und kreativ sein wie ein Mann.

Wir haben uns weiterentwickelt.
Doch unsere Vorstellung von
Geschlechterrollen sind
zurückgeblieben.

Auch heute darf ich viele Bars und Clubs in Lagos immer noch nicht allein betreten. Keine Frau darf allein hinein, sondern nur in Begleitung eines Mannes.

Einige meiner Freunde haben plötzlich eine völlig Fremde am Arm, nur weil diese Frau keine andere Wahl hat, als um »Hilfe« zu bitten, wenn sie in einen Club eingelassen werden will.

Jedes Mal, wenn ich in Lagos mit einem Mann essen gehe, wird er im Restaurant vom Kellner oder von der Kellnerin begrüßt, ich dagegen werde vollkommen ignoriert, denn ihre Erziehung und die Gesellschaft haben diesem Kellner oder der Kellnerin beigebracht, dass Männer wichtiger sind als Frauen.

Ich weiß, dass es nicht böse gemeint ist, aber jedes Mal, wenn eine Person über mich hinwegsieht, fühle ich mich unsichtbar. Ich werde wütend. Ich würde ihr am liebsten sagen, dass ich genauso ein Mensch bin wie ein Mann und ihre Begrüßung ebenso verdiene wie er.

Manchmal sind es die kleinen Dinge, die am meisten weh tun.

Ich schrieb einmal einen Artikel über diese Erlebnisse und über andere Dinge, die mir als junger Frau in Lagos widerfahren sind. Ein Bekannter meinte, es sei ein wütender Artikel und ich hätte ihn abmildern sollen.

Aber ich stehe zu dem, was ich geschrieben habe. Natürlich war der Artikel wütend. Die Verteilung der Geschlechterrollen ist sehr unfair. Ich bin wütend. Wir alle sollten wütend sein.

Hoffnung

Wut hat in der Geschichte immer wieder eine wichtige Rolle gespielt, wenn wir Dinge verändern wollten. Ich bin nicht nur wütend, ich habe auch Hoffnung, denn ich glaube fest an die Fähigkeit der Menschen, sich zum Besseren zu ändern und sich neu zu erfinden. Als ich über die Worte dieses Bekannten nachdachte, erkannte ich, was er wirklich damit meinte: Das Gefühl der Wut schickt sich nicht für eine Frau.

Wenn du eine Frau bist, darfst du keine Wut ausdrücken, denn Wut wirkt bedrohlich.

Eine amerikanische Freundin von mir bewarb sich in einem Unternehmen um eine Stelle, die vorher mit einem Mann besetzt gewesen war, dem man nachsagte, er sei ein »taffer Typ«, also ziemlich streng und fordernd.

Nach ein paar Wochen in ihrem Job musste meine Freundin einen Angestellten wegen eines ernsten Fehlers zur Rede stellen, und dieser Angestellte beschwerte sich daraufhin beim Aufsichtsrat. Er behauptete, sie wäre aggressiv und man könne nur schwer mit ihr zurechtkommen. Er und seine Kolleg*innen, so sagte er, hätten angenommen, dass meine Freundin eine »weibliche Note« in ihre Position einbringen würde.

Ihnen war nicht bewusst, dass sie genau das tat, was ihr Vorgänger getan hätte.

Eine andere Freundin, ebenfalls eine Amerikanerin, erzählte mir, dass ihr Chef sie während eines Meetings herabgesetzt habe. Er ignorierte ihre Kommentare und lobte später einen männlichen Kollegen – der etwas Ähnliches gesagt hatte wie sie zuvor.

Meine Freundin wollte sich eigentlich beschweren und ihren Chef zur Rede stellen. Aber sie tat es nicht. Stattdessen ging sie nach dem Meeting auf die Damentoilette und weinte. Dann rief sie mich an und erzählte mir alles.

Sie hatte sich nicht beschwert, weil sie nicht aggressiv wirken wollte. Sie entschied sich stattdessen dafür, ihre Verbitterung in sich hineinzufressen.

Ich finde es bemerkenswert, wie viel Mühe sie sich gab, gemocht zu werden. Das trifft übrigens auch auf andere Freundinnen von mir zu. Sie scheinen zu dem Bestreben erzogen worden zu sein, sich beliebt zu machen. Und diese Eigenschaft, liebenswürdig zu wirken, bedeutet, dass sie niemals Wut zeigen, sich niemals aggressiv benehmen oder allzu deutlich widersprechen.

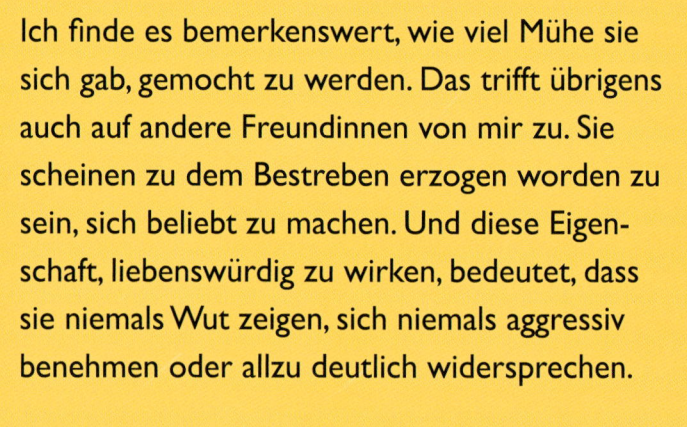

Viel zu oft wird Mädchen beigebracht, dass es wichtig sei, was Jungen über sie denken. Aber kein Mensch kommt auf die Idee, Jungen beizubringen, sich beliebt zu machen.

Viel zu oft wird Mädchen gesagt, sie sollen nicht wütend oder aggressiv oder grob sein, was schlimm genug ist. Aber umgekehrt loben wir Jungen genau wegen dieser Eigenschaften oder rechtfertigen ihre Taten damit.

In vielen Zeitschriften und Büchern wird Frauen erklärt, was sie tun sollen, wie sie sein sollen und wie sie auf Männer anziehend wirken oder ihnen gefallen; Ratgeber, wie Männer es anstellen können, Frauen zu gefallen, gibt es dagegen viel seltener.

Ich leite einen Kurs
für Kreatives Schreiben in Lagos.
Einmal erzählte mir eine meiner Schülerinnen,
eine junge Frau, dass eine Freundin ihr geraten habe,
nicht auf meine »feministischen Reden« zu hören,
weil diese Ideen ihre Ehe gefährden würden.

In unserer Gesellschaft wird eine gescheiterte Ehe
und die Aussicht, womöglich nie wieder zu heiraten,
viel öfter als Drohung gegen eine Frau eingesetzt
als gegen einen Mann.

Erziehung!

Geschlechterrollen sind überall auf der Welt von Bedeutung.

Und ich schlage vor, dass wir heute anfangen, von einer anderen Welt zu träumen und sie zu planen. Von einer gerechteren Welt. Einer Welt, in der glücklichere Männer und glücklichere Frauen leben, die sich selbst treu sind. Und um das zu erreichen, müssen wir anfangen, unsere Töchter anders zu erziehen. Und auch unsere Söhne.

Ehe?

Mit der Art, wie viele Eltern
ihre Söhne erziehen, tun sie ihnen keinen Gefallen.
Ihre Menschlichkeit wird unterdrückt. Die Vorstellung
davon, was Männlichkeit ausmacht, ist sehr begrenzt.
Männlichkeit ist wie ein harter, kleiner Käfig, in den
Jungen gesteckt werden.
Auf diese Weise lernen Jungen, sich vor Gefühlen wie
Angst, vor Schwäche und Verletzlichkeit zu fürchten.
Sie lernen, dass sie ihr wahres Ich verstecken müssen,
weil von ihnen erwartet wird, ein »harter Mann«
zu sein, wie es in Nigeria heißt.

Wenn in der Mittelstufe
ein Junge und ein Mädchen
zusammen ausgehen –
beides Teenager
mit nur wenig Taschengeld –,
wird von dem Jungen erwartet,
die Rechnung zu bezahlen,
um seine Männlichkeit
zu beweisen.

2000

2020

2040

Was, wenn Jungen und
Mädchen nicht mit Blick
auf Begriffe wie Männlichkeit
und Geld erzogen würden?

Was, wenn es nicht heißen würde:
»Der Junge muss bezahlen«? Sondern:
»Wer mehr hat, muss bezahlen«?

Aufgrund ihrer lange in die Vergangenheit zurückreichenden Vorteile sind es natürlich meistens Männer, die heutzutage mehr haben. Aber wenn wir anfangen, unsere Kinder anders zu erziehen, stehen in fünfzig oder hundert Jahren Jungen vielleicht nicht mehr unter dem Druck, ihre Männlichkeit durch materielle Dinge beweisen zu müssen.

Aber das Schlimmste, was wir Jungen antun können, ist, sie glauben zu lassen, dass sie hart sein müssen. Denn je härter ein Junge sich gibt, desto schwächer ist sein Selbstwertgefühl.

Und die Mädchen,
die dazu erzogen werden,
die verwundbaren Egos der Jungen
zu verhätscheln,
trifft es noch schlimmer.

Mädchen wird beigebracht, zu schrumpfen,
sich selbst klein zu machen.
Mädchen wird gesagt: Du darfst ehrgeizig sein,
aber nicht zu ehrgeizig. Du sollst erfolgreich sein,
aber nicht zu erfolgreich, sonst betrachten die Jungen
dich als Bedrohung. Wenn du eines Tages
in einer Beziehung die Geldverdienerin bist,
rede nicht darüber, schon gar nicht
in der Öffentlichkeit.

nicht zuuuuu ehrgeizig nicht z

nicht zuuuuuuu erfolgrei

Warum sollte der Erfolg eines Mädchens
einen Jungen bedrohen?

Ein Bekannter fragte mich einmal,
ob ich Angst davor hätte, Männer einzuschüchtern.
»Nicht im Geringsten«, meinte ich.
Ich interessiere mich nicht für Männer,
die sich von Frauen einschüchtern lassen.

HAST DU ANGST, EINEN MANN EINZUSCHÜCHTERN?

Trotzdem ging mir diese Frage
nicht aus dem Kopf.

Weil ich eine Frau bin, wird von mir erwartet, dass ich heiraten will.
Die Ehe kann eine gute Sache sein, eine Quelle der Freude, Liebe
und gegenseitiger Unterstützung. Doch warum bringen wir Mädchen
bei, eine Ehe anzustreben, tun es aber nicht auch bei Jungen?

Ich kenne eine nigerianische Frau, die ihr Haus verkaufte, weil sie
den Mann, der sie möglicherweise heiraten würde, mit ihrem Wohl-
stand nicht abschrecken wollte. Und eine andere, die einen Ehe-
ring trägt, obwohl sie Single ist, weil sie will, dass ihre Kollegen »sie
respektieren«.

Unsere Gesellschaft redet unverheirateten Frauen eines bestimmten
Alters ein, diesen Zustand als persönliches Versagen zu betrachten.
Während ein Mann, der in mittleren Jahren noch nicht verheiratet
ist, einfach noch nicht die Richtige gefunden hat.

HAUS?

HEIRAT?

RESPEKT?

Wir alle sind soziale Wesen.
Wir werden davon geprägt,
wie wir erzogen werden und was wir
im Alltag vorgelebt bekommen.

Mädchen werden dazu erzogen,
einander als Konkurrentinnen zu betrachten,
nicht um Jobs oder gute Leistungen,
was in meinen Augen nichts Schlechtes wäre,
sondern um die Aufmerksamkeit
von Männern.

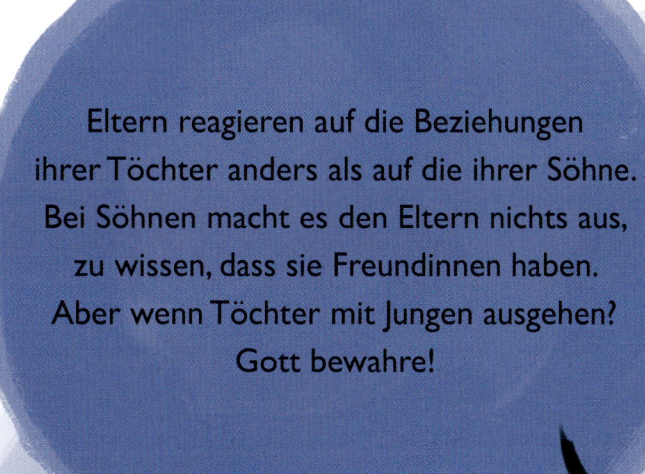

Eltern reagieren auf die Beziehungen
ihrer Töchter anders als auf die ihrer Söhne.
Bei Söhnen macht es den Eltern nichts aus,
zu wissen, dass sie Freundinnen haben.
Aber wenn Töchter mit Jungen ausgehen?
Gott bewahre!

(Natürlich wird andererseits erwartet,
dass eine Tochter zur rechten Zeit
den perfekten Mann zum Heiraten
mit nach Hause bringt.)

Mädchen wird beigebracht,
sich zu schämen.
»Sitz nicht mit gespreizten Beinen da.«
»Zieh dich anständig an.«
Ihnen wird das Gefühl vermittelt,
dass sie an irgendetwas Schuld haben,
allein weil sie als weibliche Wesen
geboren wurden.

Und so wachsen die Mädchen
zu Frauen heran, die nicht zugeben können,
dass sie sexuelles Verlangen haben.
Die sich selbst zum Schweigen bringen.
Die nicht sagen können, was sie
wirklich denken. Die aus der Täuschung
eine Kunst machen.

Das Problem mit Geschlechterrollen ist, dass sie beschreiben, wie wir sein sollen, anstatt anzuerkennen, wie wir sind.

Stellt euch vor,
wie viel glücklicher wir wären,
wenn wir nicht die Last
der Erwartungen auf unseren Schultern
tragen würden, die uns
die Geschlechterrollen auferlegen.
Wir wären frei, um wirklich
wir selbst zu sein.

SOZIALE NORMEN

Jungen und Mädchen unterscheiden sich biologisch, aber soziale Normen verstärken diese Unterschiede noch. Nehmen wir zum Beispiel das Kochen.

Im Allgemeinen erledigen meistens die Frauen die Hausarbeit, das Kochen und das Saubermachen. Aber warum ist das so? Werden Frauen mit einem Koch-Gen geboren oder wurden sie einfach dazu erzogen, Kochen als ihre Aufgabe zu betrachten?

Vielleicht gibt es tatsächlich eine Art Koch-Gen, aber wenn Frauen damit geboren werden, stellt sich die Frage, warum die Mehrheit der Sterne-Köche Männer sind.

Als Kind habe ich zu meiner Großmutter aufgeschaut, einer ungeheuer klugen Frau, und ich fragte mich, was aus ihr geworden wäre, wenn sie dieselben Möglichkeiten und Chancen gehabt hätte wie ein Mann. Heutzutage haben Frauen mehr Möglichkeiten als zur Zeit meiner Großmutter, aber wichtiger noch als das sind unsere Einstellungen und Denkweisen.
Was, wenn wir bei der Kindererziehung unser Augenmerk nicht auf das Geschlecht legen, sondern auf die Fähigkeiten?

Was, wenn wir nicht auf das Geschlecht achten, sondern auf die Interessen?

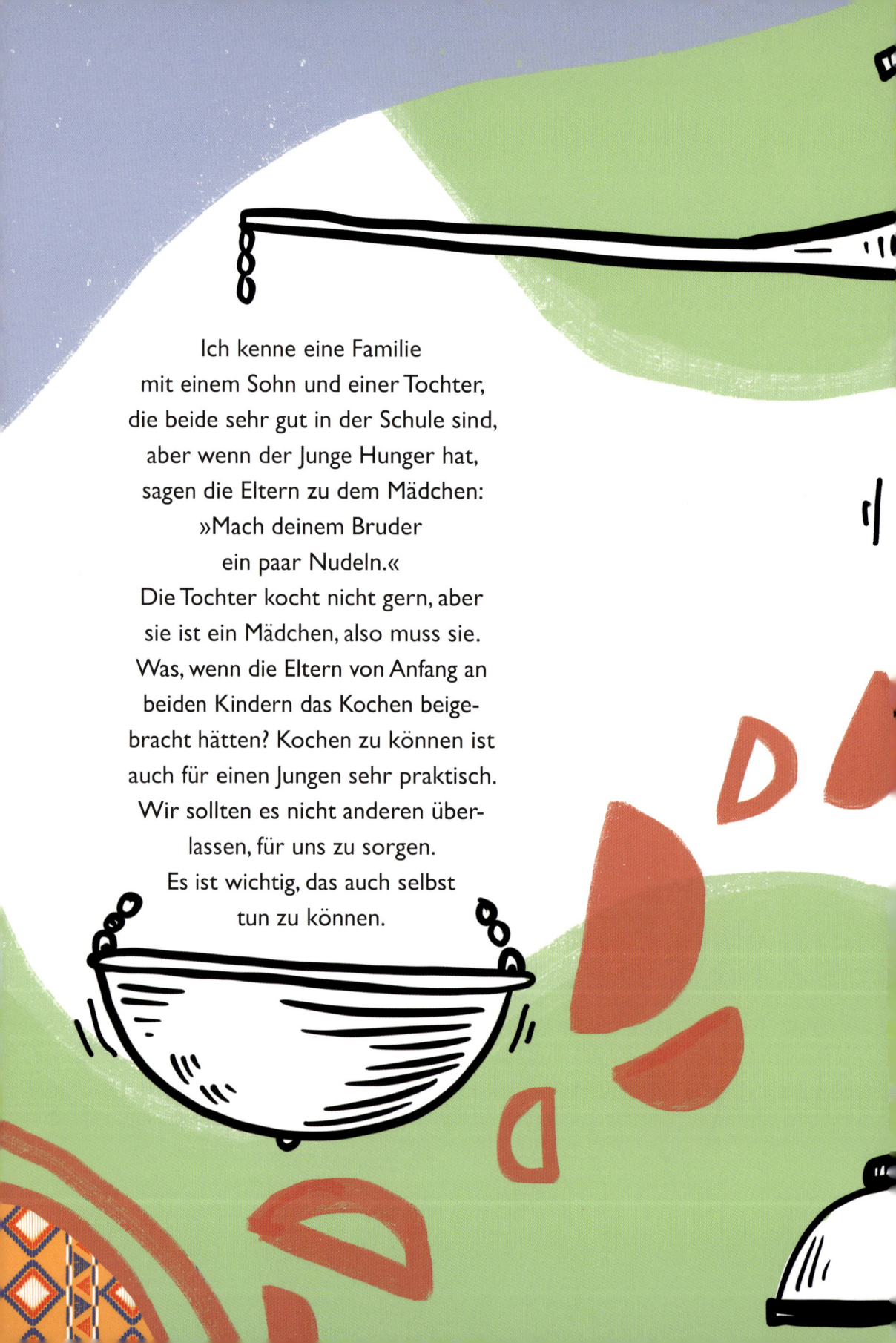

Ich kenne eine Familie
mit einem Sohn und einer Tochter,
die beide sehr gut in der Schule sind,
aber wenn der Junge Hunger hat,
sagen die Eltern zu dem Mädchen:
»Mach deinem Bruder
ein paar Nudeln.«
Die Tochter kocht nicht gern, aber
sie ist ein Mädchen, also muss sie.
Was, wenn die Eltern von Anfang an
beiden Kindern das Kochen beigebracht hätten? Kochen zu können ist
auch für einen Jungen sehr praktisch.
Wir sollten es nicht anderen über-
lassen, für uns zu sorgen.
Es ist wichtig, das auch selbst
tun zu können.

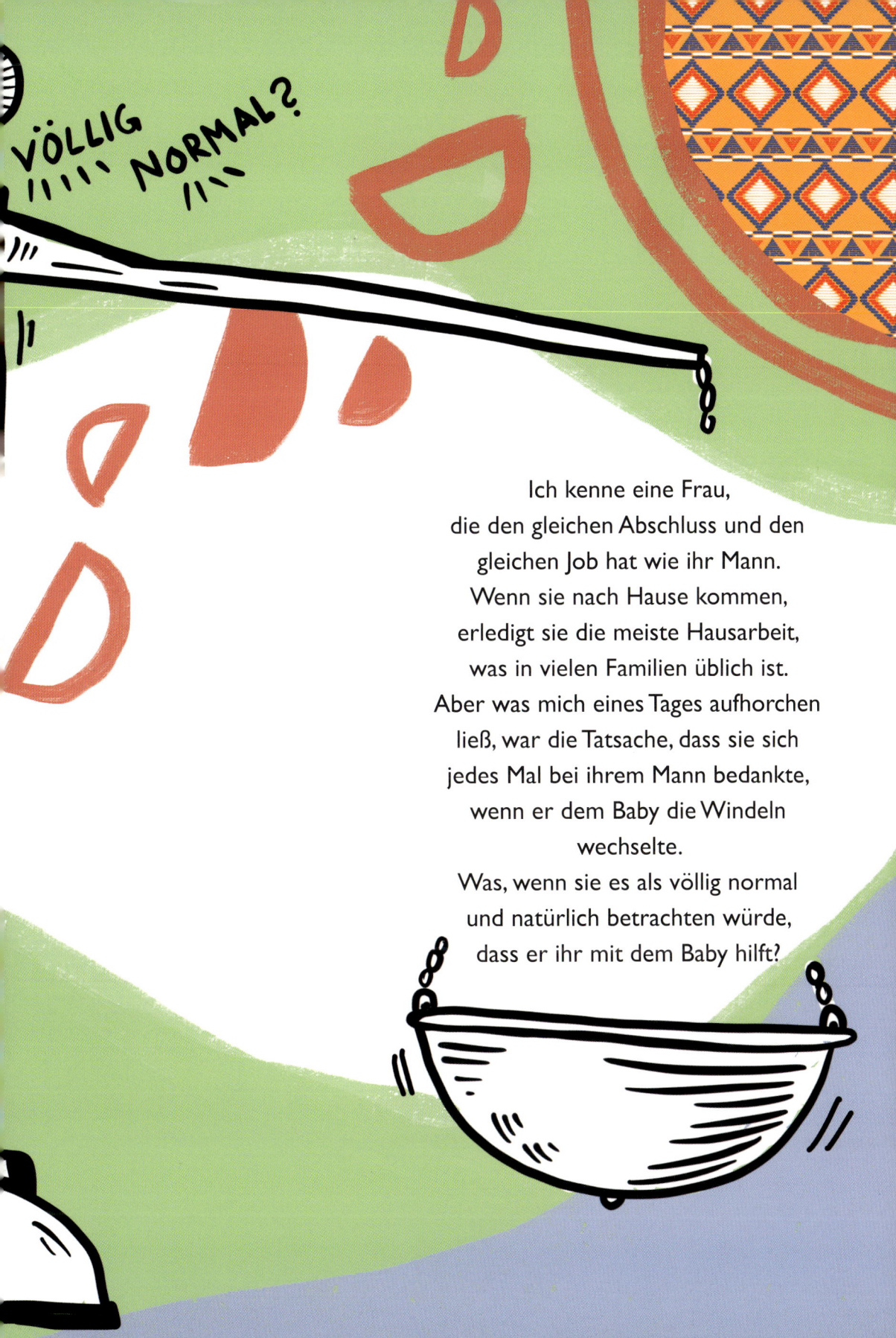

VÖLLIG NORMAL?

Ich kenne eine Frau,
die den gleichen Abschluss und den
gleichen Job hat wie ihr Mann.
Wenn sie nach Hause kommen,
erledigt sie die meiste Hausarbeit,
was in vielen Familien üblich ist.
Aber was mich eines Tages aufhorchen
ließ, war die Tatsache, dass sie sich
jedes Mal bei ihrem Mann bedankte,
wenn er dem Baby die Windeln
wechselte.
Was, wenn sie es als völlig normal
und natürlich betrachten würde,
dass er ihr mit dem Baby hilft?

Als ich das erste Mal an der Universität
einen Kurs für Promovierende abhielt,
war ich nervös. Obwohl ich gut
vorbereitet war, wusste ich nicht,
was ich anziehen sollte, weil ich wollte,
dass sie mich ernst nehmen.
Ich wusste, dass ich als Frau beweisen
musste, was ich auf dem Kasten habe.

Ich hatte Angst, dass ich zu weiblich wirken würde.

Ich hätte gerne Lipgloss aufgetragen
und einen hübschen Rock angezogen,
entschied mich aber dagegen. Stattdessen
trug ich einen sehr seriösen, sehr
maskulinen und sehr hässlichen
Hosenanzug.

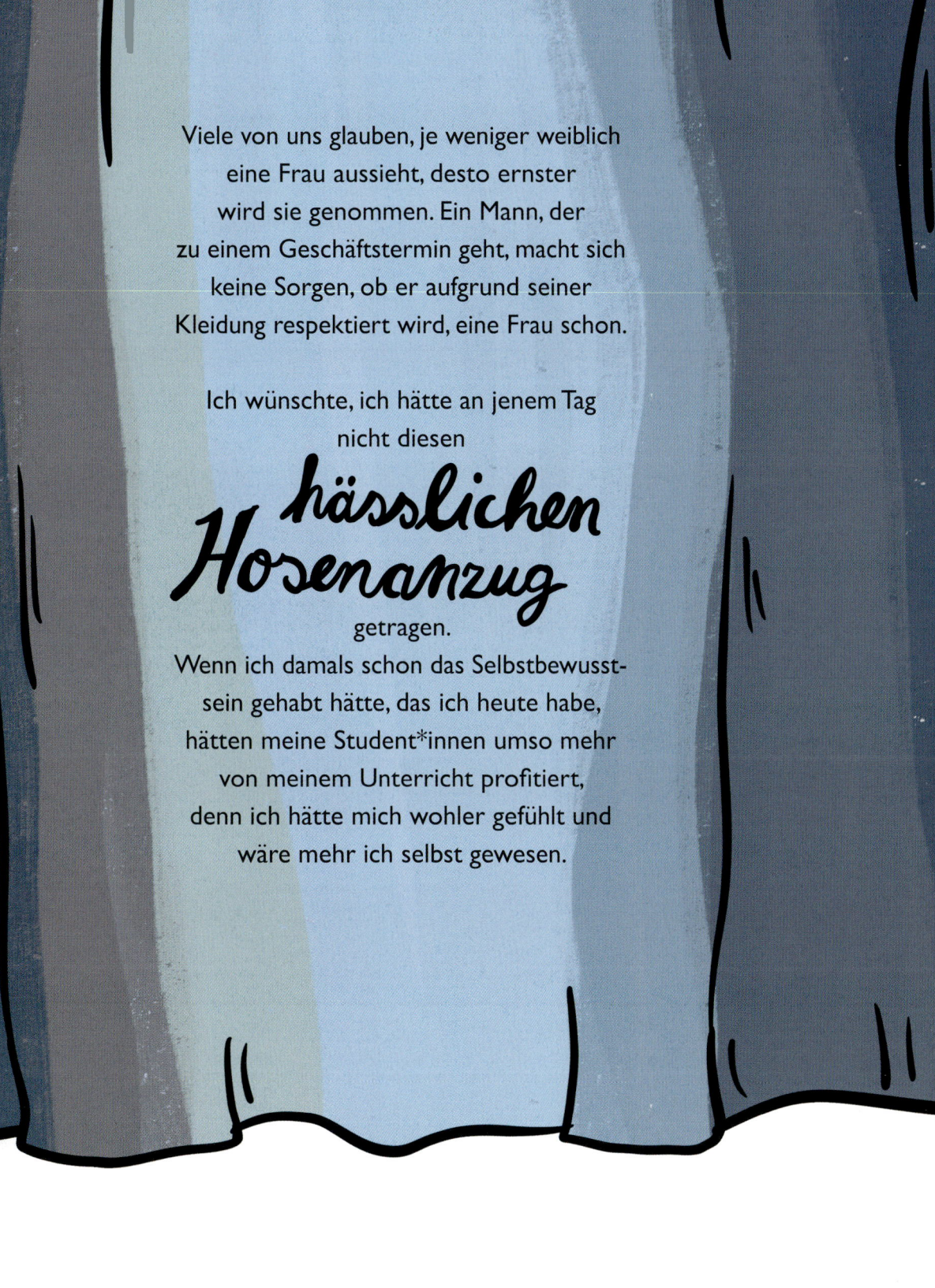

Viele von uns glauben, je weniger weiblich
eine Frau aussieht, desto ernster
wird sie genommen. Ein Mann, der
zu einem Geschäftstermin geht, macht sich
keine Sorgen, ob er aufgrund seiner
Kleidung respektiert wird, eine Frau schon.

Ich wünschte, ich hätte an jenem Tag
nicht diesen

hässlichen Hosenanzug

getragen.
Wenn ich damals schon das Selbstbewusst-
sein gehabt hätte, das ich heute habe,
hätten meine Student*innen umso mehr
von meinem Unterricht profitiert,
denn ich hätte mich wohler gefühlt und
wäre mehr ich selbst gewesen.

Ich habe beschlossen, mich niemals wieder
meiner Weiblichkeit zu schämen. Ich will in all
meiner Weiblichkeit ernst genommen werden,
weil ich es verdiene.

Ich bin ein Mädchen.
Ein glückliches Girlie-Mädchen.
Ich mag hohe Absätze und
probiere gerne Lippenstifte aus.

Es ist schön,
Komplimente zu bekommen –
von Männern und Frauen
(obwohl mir die Komplimente von
eleganten Frauen die liebsten sind) –,
aber die Kleidung, die ich trage,
wird von Männern oft nicht geschätzt
oder nicht »verstanden«.

Ich trage sie trotzdem,
weil ich sie mag
und mich darin wohlfühle.

Der männliche Blickwinkel
als Bestimmer meiner
Lebensentscheidungen
ist längst von gestern.

Es ist nicht einfach, über Geschlechterrollen zu reden. Das Thema ist den meisten Leuten unangenehm. Manchmal lehnen sie es sogar komplett ab. Sowohl Männer als auch Frauen diskutieren nur widerstrebend über Geschlechterrollen und spielen die Probleme, die es dabei gibt, oft herunter. Denn die Überlegung, etwas zu verändern, ist immer unangenehm.

Manchmal fragen die Leute: »Warum benutzen Sie das Wort ›Feministin‹?« Warum nicht einfach sagen, ich glaube an die Menschenrechte oder so etwas Ähnliches.
Warum?
Weil es unehrlich wäre.

FEMINISMUS

Feminismus ist ein Teil der Menschenrechte, aber wenn wir den Begriff »Menschenrechte« benutzen, verleugnen wir die besonderen und spezifischen Probleme, die Geschlechterrollen mit sich bringen.

Es würde bedeuten, dass wir so tun, als wären es nicht die Frauen, die jahrhundertelang ausgeschlossen wurden.

Es würde bedeuten, dass wir so tun, als beträfe das Problem mit Geschlechterrollen nicht fast ausschließlich Frauen. Als wäre es ein allgemeines Menschenproblem und kein Problem von Frauen.

Jahrhundertelang hat die Welt die Menschen in zwei Gruppen eingeteilt, von denen eine ausgeschlossen und unterdrückt wurde. Es ist nur gerecht, dass die Lösung des Problems sich an dieser Tatsache orientiert.

Manche Jungen fühlen sich von den Ideen des Feminismus bedroht. Der Grund dafür ist, so glaube ich, Unsicherheit, die daraus resultiert, wie Jungen erzogen werden. Wenn sie nicht »naturgegeben« das Kommando haben, wird ihr Selbstwertgefühl beschnitten.

Andere Männer sagen zu dem Thema vielleicht: »Okay, das ist ganz interessant, aber mein Denken ist nicht von Geschlechterrollen bestimmt.« Vielleicht nicht. Und genau da liegt ein Teil des Problems, nämlich in der Tatsache, dass viele Männer nicht bewusst über Geschlechterrollen nachdenken. Dass viele Männer – wie mein Freund Louis – behaupten, in der Vergangenheit mag das ja alles schlimm gewesen sein, aber doch heute nicht mehr.

Wenn Sie als Mann in ein Restaurant gehen und als Einziger vom Personal begrüßt werden, kommt es Ihnen dann in den Sinn zu fragen: »Warum begrüßen Sie nicht auch sie?« Männer müssen diese angeblich unwichtigen Szenen verurteilen.

Manche Männer fangen an, über Biologie und Affen zu reden und behaupten, dass weibliche Affen sich männlichen Affen unterordnen und solche Sachen. Aber der Punkt ist: Wir sind keine Affen. Affen leben in Bäumen und fressen Würmer. Wir tun das nicht.

Andere Leute sagen vielleicht: »Also, mittellose Männer haben es auch nicht leicht.«
Das stimmt, aber darum geht es bei einem Gespräch über Geschlechterrollen nicht. Geschlecht und Klasse sind zwei verschiedene Dinge. Ein mittelloser Mann kann immer noch davon profitieren, ein Mann zu sein, selbst wenn er nicht die Privilegien eines wohlhabenden Lebens genießt.

Als ich einmal über Geschlechterrollen sprach, fragte mich ein Mann: »Warum muss es um Sie als Frau gehen? Warum nicht um Sie als Mensch?«
Natürlich bin ich ein Mensch, aber es gibt bestimmte Dinge auf dieser Welt, die passieren mir, weil ich eine Frau bin. Derselbe Mann hat übrigens oft über seine Erfahrungen als Schwarze Person geredet. Ich hätte ihn fragen können: Warum reden Sie nicht über Ihre Erfahrungen als Mann oder als Mensch? Warum über Ihre Erfahrungen als Schwarze Person?

Also: Bei diesem Gespräch geht es um Geschlechterrollen, um nichts anderes.

Manche werden sagen, dass Frauen den Männern untergeben sind, weil unsere Kultur es so will. Doch Kultur unterliegt einem ständigen Wandel.

Ich habe wunderhübsche fünfzehnjährige Zwillingsnichten. Wenn sie vor hundert Jahren geboren wären, wären sie ihrer Mutter weggenommen und getötet worden. Denn in der Kultur der Igbo galten vor hundert Jahren Zwillinge als schlechtes Omen. Heute kann sich kein*e Igbo so etwas mehr vorstellen.

Worum geht es bei Kultur? Die Funktion von Kultur ist es letztlich, den Erhalt und das Fortbestehen eines Volkes sicherzustellen.

In meiner Familie bin ich das Kind, das sich am meisten für unsere Geschichte, unsere angestammte Heimat und unsere Traditionen interessiert. Meinen Brüdern liegt nur wenig an diesen Dingen. Aber da in der Igbo-Kultur Männer privilegiert sind und nur die Männer einer Großfamilie an den Treffen teilnehmen dürfen, bei denen wichtige Fragen entschieden werden, bin ich ausgeschlossen. Obwohl ich mich am meisten für diese Dinge interessiere, habe ich nichts zu sagen. Weil ich eine Frau bin.

Die Kultur erschafft die Menschen nicht. Die Menschen erschaffen die Kultur.

Wenn Frauen in unserer Kultur nicht alle Rechte ausüben dürfen, dann können und müssen wir unsere Kultur ändern.

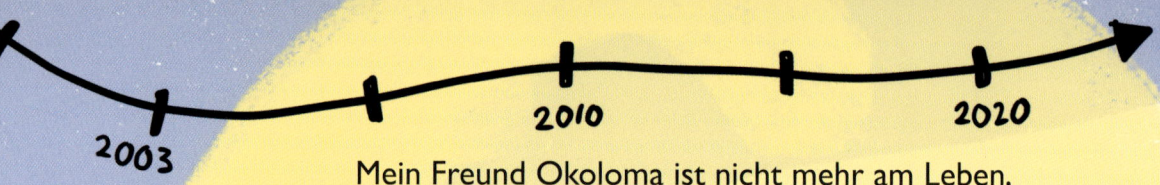

Mein Freund Okoloma ist nicht mehr am Leben,
aber ich denke noch oft an ihn. Er hatte Recht, als er mich
eine Feministin nannte. Denn ich bin eine Feministin.
Als ich das Wort im Lexikon nachschlug, fand ich
diese Bedeutung: »Feministin: eine Person, die an die soziale,
politische und ökonomische Gleichstellung der Frauen glaubt«.

Die Geschichten, die mir erzählt wurden, lassen mich glauben, dass meine
Großmutter eine Feministin war. Sie lief aus dem Haus des Mannes fort,
den sie nicht heiraten wollte, und heiratete den Mann ihrer Wahl.
Als sie ihres Landes und ihrer Möglichkeiten beraubt werden sollte,
nur weil sie eine Frau war, leistete sie Widerstand. Sie lehnte
sich gegen ihre Situation auf und verurteilte sie.

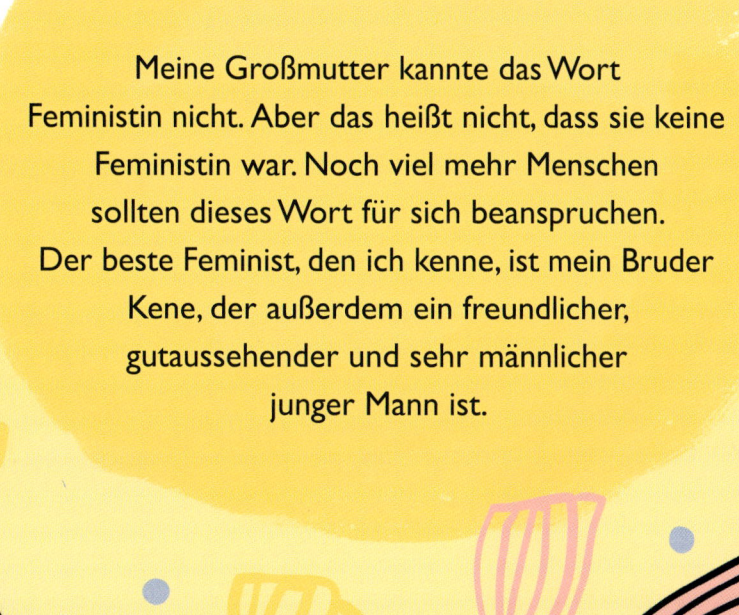

Meine Großmutter kannte das Wort Feministin nicht. Aber das heißt nicht, dass sie keine Feministin war. Noch viel mehr Menschen sollten dieses Wort für sich beanspruchen. Der beste Feminist, den ich kenne, ist mein Bruder Kene, der außerdem ein freundlicher, gutaussehender und sehr männlicher junger Mann ist.

Meine eigene Definition von Feminist*in ist ein Mensch – egal ob Mann oder Frau – der sagt:

»Ja, es gibt heutzutage Probleme mit Geschlechterrollen, und das müssen wir korrigieren, und wir müssen es besser machen.«

Und wir alle, Frauen und Männer, müssen unseren Teil dazu beitragen, um es besser zu machen.

Biographie

Chimamanda Ngozi Adichie ist eine der großen Stimmen der Weltliteratur. Ihr Werk wurde in 37 Sprachen übertragen. Für »Americanah« erhielt sie 2013 den Heartland Prize for Fiction und den National Book Critics Circle Award. Ihr Roman »Blauer Hibiskus« war für den Booker Prize nominiert, »Die Hälfte der Sonne« erhielt den Orange Prize for Fiction 2007. Mit ihrem TED-Talk »We Should All Be Feminists« verankerte die Nigerianerin den Feminismus fest in der Popkultur. Auf Deutsch liegt der Text im FISCHER Taschenbuch vor: »Mehr Feminismus! Ein Manifest und vier Stories«. Zuletzt erschien 2017 im FISCHER Taschenbuch »Liebe Ijeawele. Wie unsere Töchter selbstbestimmte Frauen werden«. 2018 wurde Chimamanda Ngozi Adichie mit dem PEN Pinter Prize und dem Everett M. Rogers Award ausgezeichnet. 2019 wurde ihr der Kasseler Bürgerpreis »Das Glas der Vernunft« verliehen. 2020 erhielt sie den Internationalen Hermann-Hesse-Preis für »Blauer Hibiskus«. Chimamanda Ngozi Adichie wurde 1977 in Nigeria geboren und lebt heute in Lagos und in den USA.

Weitere Informationen zum Kinder- und Jugendbuchprogramm der S. Fischer Verlage finden Sie unter www.fischerverlage.de

Aus Verantwortung für die Umwelt hat sich der Fischer Kinder- und Jugendbuch Verlag zu einer nachhaltigen Buchproduktion verpflichtet. Der bewusste Umgang mit unseren Ressourcen, der Schutz unseres Klimas und der Natur gehören zu unseren obersten Unternehmenszielen.

Gemeinsam mit unseren Partnern und Lieferanten setzen wir uns für eine klimaneutrale Buchproduktion ein, die den Erwerb von Klimazertifikaten zur Kompensation des CO_2-Ausstoßes einschließt.

Weitere Informationen finden Sie unter: www.klimaneutralerverlag.de

FSC
www.fsc.org

MIX
Papier aus verantwor-
tungsvollen Quellen
FSC® C084279

Erschienen bei FISCHER Sauerländer

Die Originalausgabe erschien 2014 unter dem Titel
»We Should All Be Feminists« bei Fourth Estate, London
Copyright © 2012, 2014, Chimamanda Ngozi Adichie
Adaption copyright © 2019, Chimamanda Ngozi Adichie
All rights reserved

Für die deutschsprachige Ausgabe:
© 2022 Fischer Kinder- und Jugendbuch Verlag GmbH,
Hedderichstr. 114, D-60596 Frankfurt am Main
Umschlaggestaltung und -abbildung: Nursima Nas
unter Verwendung von Shutterstock-Motiven
Satz: Dahlhaus & Blommel Media Design GmbH, Vreden
Druck und Bindung: Print Consult GmbH, München
Printed in Slovakia
ISBN 978-3-7373-5899-6

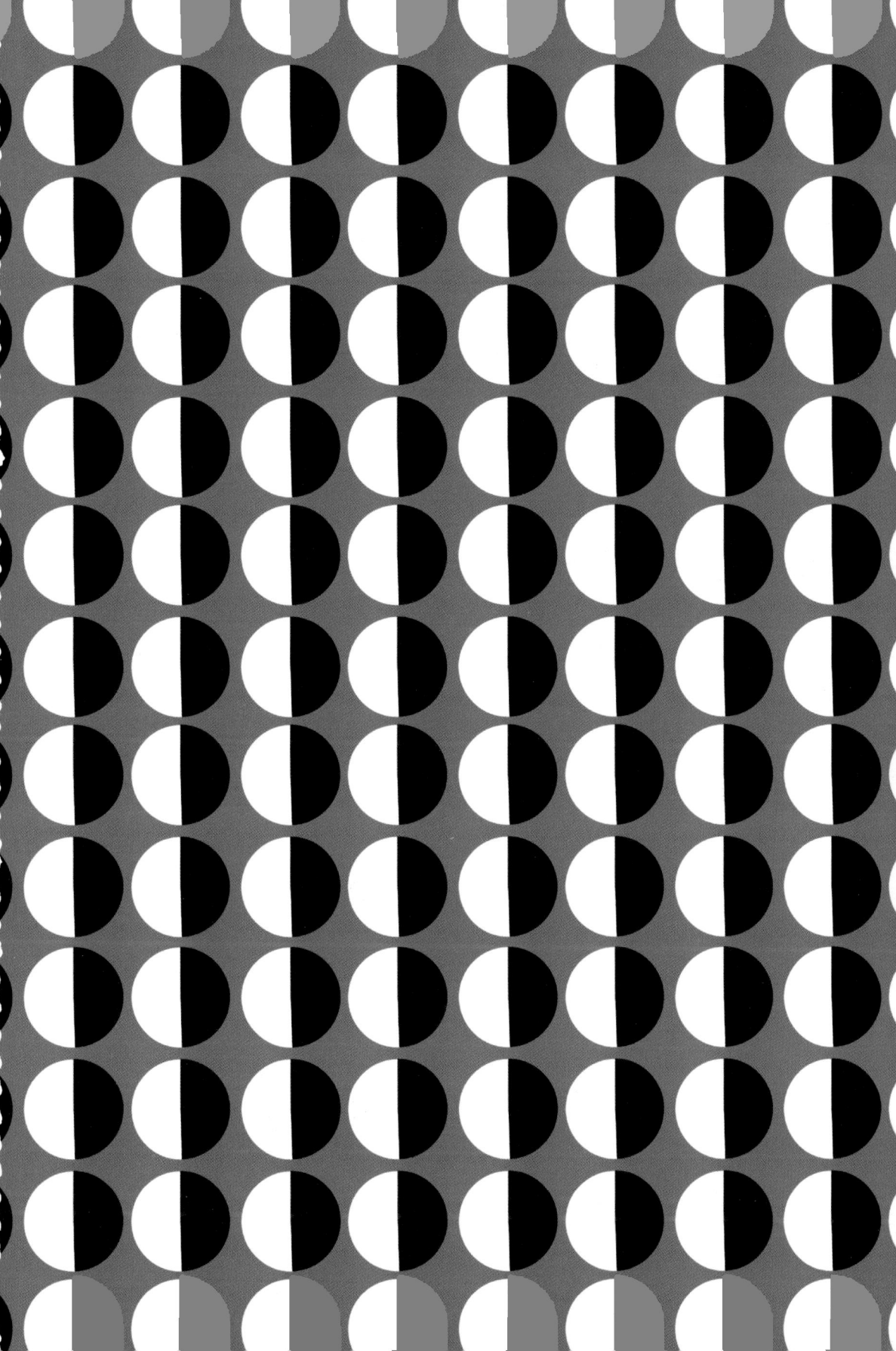

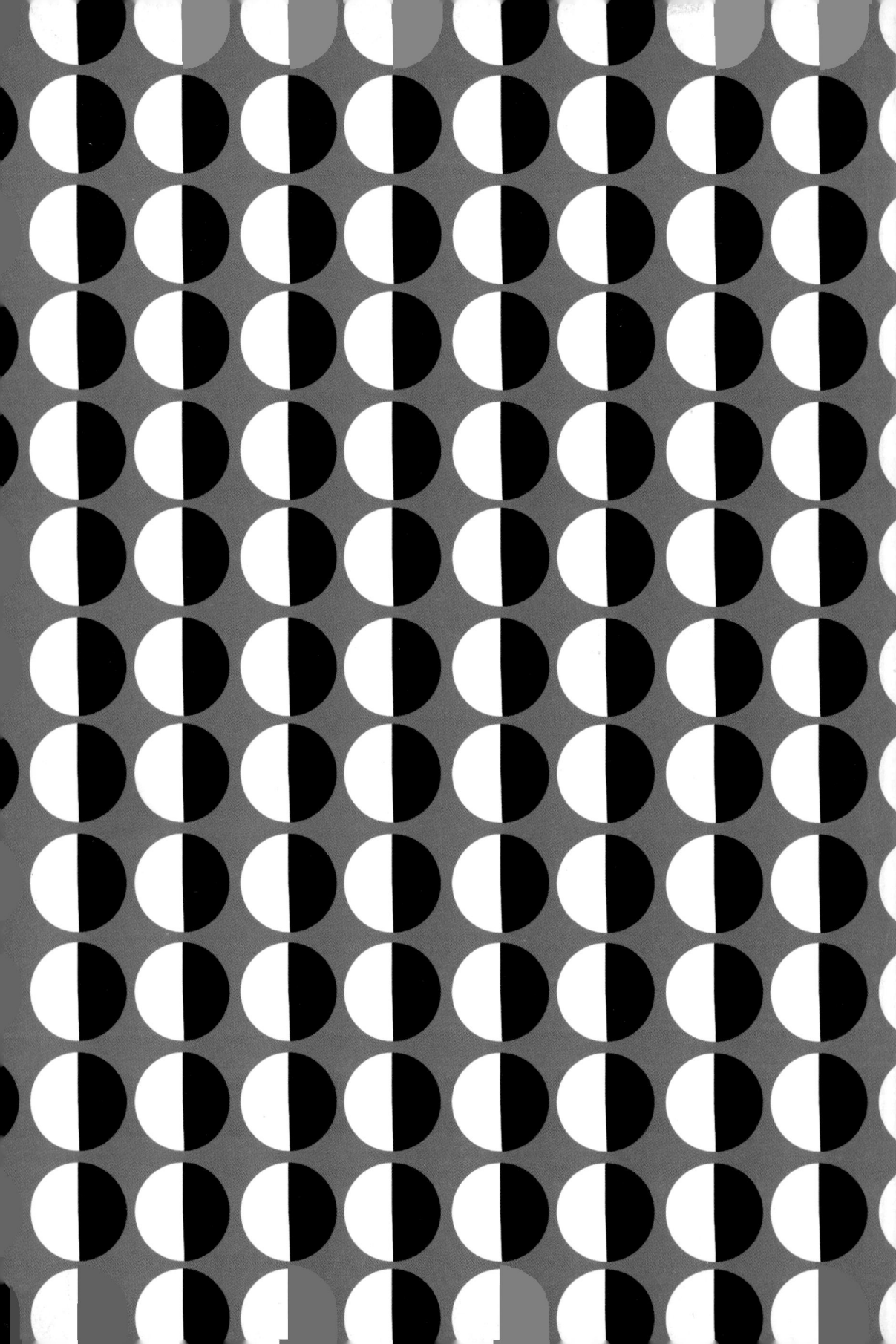